INFLUENCE DES FORÊTS

ET DES ACCIDENTS DU SOL

SUR LES

ORAGES A GRÊLE

PAR

J.-R. PLUMANDON

météorologiste à l'Observatoire du Puy-de-Dôme.

CLERMONT-FERRAND
TYPOGRAPHIE ET LITHOGRAPHIE G. MONT-LOUIS
2, RUE BARBANÇON, 2

1893

In the interest of creating a more extensive selection of rare historical book reprints, we have chosen to reproduce this title even though it may possibly have occasional imperfections such as missing and blurred pages, missing text, poor pictures, markings, dark backgrounds and other reproduction issues beyond our control. Because this work is culturally important, we have made it available as a part of our commitment to protecting, preserving and promoting the world's literature. Thank you for your understanding.

INFLUENCE DES FORÊTS ET DES ACCIDENTS DU SOL

SUR

LES ORAGES A GRÊLE

Les résultats obtenus jusqu'à ce jour par la discussion des observations météorologiques sont loin d'établir que les forêts ont une influence sur les chutes de grêle. On admet assez généralement que les forêts protègent les localités qui, par rapport à la marche de l'orage, se trouvent à l'arrière de la région boisée ; mais, en revanche, on est porté à croire que les massifs forestiers attirent les orages, de sorte que les communes attenantes situées latéralement ou en avant seraient au contraire plus exposées à la grêle que celles qui sont éloignées des forêts. D'autre part, voici les conclusions d'une très sérieuse étude publiée dans l'Atlas météorologique de l'Observatoire de Paris : « Si les accidents du sol, les chaînes de montagnes, les vallées, les forêts exercent une action sur les nuages inférieurs, leur influence est peu considérable sur l'ensemble du phénomène, qui se propage avec sa vitesse propre, indépendamment des reliefs du sol. »

Selon nous, les faits mêmes n'ont jamais été enregistrés jusque-là d'une manière suffisamment étendue, détaillée, précise, méthodique, pour que l'on puisse en tirer des déductions bien fondées. A l'appui de cette assertion, nous pouvons citer quelques lignes d'un rapport de M. de

Pons, conservateur des forêts, président de la Commission météorologique de l'Allier : « Dans la région de Chevagnes, la proportion des orages à grêle s'élevait autrefois à 11 0/0 : cette région était alors couverte de bois, d'étangs, de bruyères. Mais elle a subi, par l'emploi de la chaux et de la marne dans la culture, une transformation complète. Le rendement du sol s'y est élevé considérablement, et aujourd'hui, la proportion des orages à grêle est de 20 à 30 0/0. — La transformation agricole a-t-elle simplement rendu les dégâts plus appréciables ou bien en est-elle la cause ? »

On invoque souvent les statistiques des Compagnies d'assurances contre la grêle pour établir que celle-ci tombe plus fréquemment dans certaines régions que dans d'autres. Mais ces statistiques ont-elles, sous ce rapport, toute la valeur que quelques personnes leur attribuent? Il s'en faut de beaucoup. D'abord elles ne tiennent compte que des grêles qui ont frappé des propriétés assurées, et il y a des communes, des cantons entiers où aucun propriétaire n'a contracté d'assurance. La grande localisation des chutes de grêle a donc pour conséquence forcée que bien des dégâts doivent échapper à ces statistiques. En outre, une propriété peut être grêlée après la levée des récoltes assurées, ou bien avant que ces récoltes puissent en souffrir. Enfin, il arrive fréquemment que la grêle tombe sur des régions où elle ne peut faire aucun mal, par suite des cultures qui y sont faites, ou encore parce que les grêlons ne sont pas assez gros.

Il serait donc indispensable, pour avoir des bases sérieuses d'études, de posséder des observations portant sur un grand nombre d'années et comprenant toutes les chutes de grêle, faibles ou fortes. On n'arrivera à ce résultat si désirable que lorsqu'on aura organisé les stations d'observations de manière qu'elles forment un réseau très régulier et très dense. L'énormité des dommages occasionnés par la grêle, par les divers fléaux atmosphériques, aurait dû cependant depuis longtemps amener une organisation sérieuse et rationnelle du service météorologique.

On commence toutefois à s'émouvoir un peu du tribut onéreux que l'agriculture paie chaque année à la grêle avec une déplorable passivité. L'année dernière, sur l'initiative de M. Audiffred, député de la Loire, la Chambre des députés a formulé un vœu par lequel elle demandait à M. le Ministre de l'Instruction publique de vouloir bien mettre à l'étude l'*Influence des forêts sur les orages à grêle.* Le Ministre de l'Instruction publique, par l'intermédiaire du Bureau Central météorologique, a alors adressé aux Commissions météorologiques départementales une circulaire qui les priait d'inscrire la question dans leur programme de recherches. C'est ce que la Commission du département du Puy-de-Dôme a fait avec le plus grand empressement, en nous chargeant du travail.

Une circulaire et un questionnaire ont été adressés, par nos soins et sous les auspices de la Commission, à chacun des 470 maires du département : 433 répondirent à notre appel et fournirent plus de 2,000 réponses à nos questions qui étaient ainsi conçues :

1º Indiquer s'il existe une forêt ou un grand bois sur le territoire de la commune ;

2º Donner le nom de la forêt ou du bois, et indiquer sa position par rapport au chef-lieu de la commune ;

3º Désigner la région (s'il y en a une dans la commune), qui passe pour être plus exposée à la grêle que les autres ;

4º Désigner la région (s'il y en a une dans la commune), qui passe pour être moins exposée à la grêle que les autres ;

5º Indiquer, s'il y a lieu, les raisons généralement données pour expliquer les deux particularités ci-dessus.

Il fallait se contenter de ces questions, parce qu'il était impossible à la Commission d'organiser un service qui pût à la fois s'étendre à toutes les communes du département et durer plusieurs années. — Les réponses que notre questionnaire a provoquées ont tout le caractère de véracité que nous pouvions leur donner, puisque ce sont les mairies des différentes localités qui nous les ont faites ; elles comportent d'ailleurs, indirectement, une longue période d'observations, puisqu'elles nous font connaître l'opinion générale, établie d'après tout ce qu'on a pu observer antérieurement sur les orages à grêle. — Nous avons donc réalisé, autant que cela nous était possible, les conditions jugées plus haut nécessaires pour étudier l'influence des forêts et des divers accidents du sol sur ces orages à grêle.

Le relevé des observations consignées dans les questionnaires, le tracé de quelques cartes mettant en évidence les premiers résultats fournis par un dépouillement succinct, ont constitué un travail assez considérable ; ce travail n'est cependant presque rien en comparaison de celui qu'il resterait à faire pour étudier à fond les renseignements qui nous ont été communiqués. Voici un tableau numérique qui résume une partie de ces renseignements :

ARRONDISSEMENTS.	NOMBRE DE COMMUNES								
	dans lesquelles les chutes de grêle passent pour ne subir aucune influence locale et se produire d'une manière quelconque.	dans lesquelles les forêts passent pour avoir à propos des chutes de grêle une influence		dans lesquelles les montagnes passent pour avoir à propos des chutes de grêle une influence		dans lesquelles les vallées passent pour avoir à propos des chutes de grêle une influence		dans lesquelles les plaines passent pour avoir à propos des chutes de grêle une influence	
		Nuisible.	Protectr.	Nuisible.	Protectr.	Nuisible.	Protectr.	Nuisible.	Pr
Ambert............	21	8	0	14	0	5	2	0	
Clermont..........	75	11	3	16	5	5	1	2	
Issoire............	74	4	3	8	4	6	0		
Riom.............	77	11	1	6	8	14	2	0	
Thiers............	20	4	1	6	2	4	0	1	
	267	38	8	50	19	34	5	3	

La première chose qui frappe l'esprit dans la comparaison des chiffres de ce résumé, c'est le nombre considérable de localités dans lesquelles on a reconnu que la grêle tombe d'une manière quelconque, égale, sans atteindre plus particulièrement une région qu'une autre. L'impression produite est encore bien plus forte, si l'on songe que la plupart des 267 communes de cette catégorie ont sur leur territoire des forêts, des montagnes, des vallées, des plaines, aussi bien que les 166 communes dans lesquelles on attribue une influence à ces divers accidents du sol.

Une chose également remarquable, c'est que si, dans certaines localités, les forêts, les montagnes, les vallées, les ravins sont considérés comme ayant une influence aggravante au point de vue de la grêle, ils sont aussi regardés dans quelques autres, moins nombreuses il est vrai, comme possédant une action atténuante. Il en est de même pour les plaines, mais avec une intervention protectrice prépondérante.

1. — Localités où la grêle passe pour tomber d'une façon égale sur tout le territoire de la commune, sans que sa chute soit influencée par les forêts et par les autres accidents et reliefs du sol.

Ces localités, au nombre de 267, sont disséminées sur toute la surface du département, d'une manière assez régulière. — Au premier abord, elles semblent plus abondantes dans la vallée de l'Allier ; mais c'est que là les communes sont très nombreuses, peu étendues, et que les localités d'observation forment elles-mêmes un réseau beaucoup plus dense que dans les autres régions du département.

Le contraire paraît se produire pour quelques contrées de l'Ouest, et particulièrement pour le massif des Monts-Dore : ce n'est encore qu'une apparence due au petit nombre des communes et à la grande superficie de ces dernières.

Dans l'arrondissement d'Ambert, on constate bien que les localités où l'on attribue de l'influence aux divers accidents du sol sont à peu près aussi nombreuses que celles où cette influence n'est pas admise, mais on voit aussi d'autre part, que les deux catégories sont mêlées, enchevêtrées, de telle sorte que ni l'une ni l'autre n'occupe une région d'une étendue notable.

Si l'action des forêts, des montagnes, des vallées, etc., était bien réelle, il nous semble que les communes plus exposées aux chutes de grêle, de même que celles qui ont l'avantage d'en être préservées, devraient former des groupes plus ou moins nombreux : 1° autour des principales forêts ou dans les régions fortement boisées ; 2° le long des vallées ; 3° dans les massifs montagneux ; 4° dans les plaines, où les accidents du sol sont aussi peu accentués que possible. Il est loin d'en être ainsi, et les cartes que nous avons dressées montrent de vastes régions où la grêle tombe d'une façon égale, bien que ces régions présentent, autant que n'importe quelles autres, des forêts étendues, des montagnes élevées, des vallées bien accentuées.

9. — Localités dans lesquelles les forêts passent pour avoir une influence nuisible en augmentant le nombre et l'intensité des chutes de grêle dans leur voisinage.

Ces localités sont au nombre de 38, alors qu'il y a 259 communes qui ont des forêts ou des bois sur leur territoire, et que 8 communes attribuent aux forêts une influence protectrice. Il est à remarquer que ces 38 localités ne sont pas groupées dans le voisinage des forêts principales, mais qu'elles sont disséminées d'une façon quelconque sur toute la surface du département et que la plupart d'entre elles ne possèdent que des bois de peu d'importance. Nous allons donner quelques détails en ce qui concerne la forêt de Randan et la forêt de Vic-le-Comte.

FORÊT DE RANDAN. — Elle occupe la partie nord du canton de Randan, près du confluent de l'Allier et de la Dore, et se prolonge dans le département de l'Allier par les forêts de Montpensier et de Marcenat, en couvrant presque tout le canton d'Escurolles. — La forêt de Randan est encadrée par les chefs-lieux de sept communes : Bas-et-Lezat à l'ouest; Villeneuve-les-Cerfs, Randan, Beaumont et Mons au sud ; Saint-Priest-Bramefant à l'est; Saint-Sylvestre au nord. — Dans trois de ces communes, Mons, Beaumont et Saint-Sylvestre, la grêle tombe d'une façon égale ; dans les quatre autres, on signale des inégalités mises sur le compte de la forêt. — A Mons, on croit que la commune tout entière est protégée contre les grêles désastreuses par les bois qui la bordent au nord. — A Bas-et-Lezat, Villeneuve-les-Cerfs, Randan et Saint-Priest-Bramefant, on pense au contraire que la partie du territoire qui touche la forêt est plus exposée que le reste. — Beaumont, située au sud et en bas du plateau couronné par la forêt, n'a pas été depuis longtemps ravagée par la grêle; depuis 1876, les autres communes voisines de la région boisée ont subi deux fois des dommages, excepté Saint-Sylvestre, qui a été éprouvée trois fois.

Doit-on conclure de là qu'une influence nuisible émane de la forêt ? Non, car si l'on pointe sur une carte tous les cas de grêle ayant causé des dommages, on reconnaît que les communes qui ont subi deux, trois et même quatre fois des dégâts depuis 1876, sont très nombreuses et disséminées dans tout le département d'une manière quelconque ; on constate même qu'à une certaine distance du massif forestier de Randan, il y a des communes qui ont eu à supporter bien plus souvent les ravages de la grêle : telles sont Thuret au sud-ouest ; — Montpensier, Effiat et plus loin Saint-Agoulin, Vensat, Saint-Genès-du-Retz à l'ouest ; — Puy-Guillaume, Châteldon, Ris et Paslières à l'est, dont les récoltes ont été abîmées quatre, cinq, six, sept et huit fois durant la même période. — D'ailleurs, si l'on considère tout l'ensemble du département, on trouvera encore que les dégâts causés par la grêle sont bien plus fréquents dans certains cantons que dans celui de Randan : telle est par exemple la région comprise entre Saint-Gervais, Menat, Pionsat et Montaigut ; telle est encore celle de Courpière, celle d'Auzelles et de Brousse, même celle de Clermont et beaucoup d'autres qui ne possèdent pas de forêts.

Forêt de Vic-le-Comte. — Cette forêt s'étend à l'ouest de Vic-le-Comte, du nord-est au sud-est de cette localité, sur les puys de Saint-Hippolyte, de Gardelles, de Champerogne et de Serpanoux. — Les points culminants de ces puys atteignent 750 et 800 mètres d'altitude, dépassant ainsi de 400 mètres le niveau de la rivière d'Allier, qui coule à l'ouest, du sud au nord, à cinq ou six kilomètres de distance. — Les communes qui comprennent et avoisinent la forêt de Vic-le-Comte font partie d'une région où les chutes de grêle sont assez fréquentes. Toutefois l'influence de la forêt n'en reste pas moins fort douteuse, puisque d'autres régions, voisines ou éloignées de celle-ci, mais sans forêt, présentent des maxima de grêle encore plus élevés. Les conclusions que nous avons formulées à propos de la forêt de Randan subsistent donc, quoique à un moindre degré, en ce qui concerne la forêt de Vic-le-Comte.

L'étude des autres contrées forestières ou fortement boisées conduisant aux mêmes résultats, nous n'insisterons pas davantage.

3. — Localités dans lesquelles les montagnes, les vallées, les ravins ou les plaines passent pour avoir une influence sur les chutes de grêle.

Dans 50 localités, on attribue aux montagnes une influence nuisible ; dans 19 autres, au contraire, on pense qu'elles préservent des orages. Chose extraordinaire, ce n'est pas dans les régions où les montagnes sont plus élevées et plus importantes que l'on croit davantage à une action nuisible ou protectrice de leur part : telle petite butte, bizarre de forme, sombre d'aspect, se dressant brusquement de 50 à 100 mètres au-dessus d'une plaine ou d'un plateau où elle étonne tout le monde, prend aux yeux des habitants, sous le rapport des orages, une importance qu'on n'accorde pas aux grandes montagnes dans les pays où elles ne sont pas rares.

Les vallées partagent, dans 34 communes, la mauvaise réputation de quelques montagnes ; dans cinq localités seulement, on croit qu'elles interviennent pour atténuer les orages. Les plaines passent pour jouir d'une certaine immunité, au point de vue de la grêle, dans 24 communes ; il y en a cependant trois qui leur reprochent d'attirer les orages et de les aggraver.

Première Conclusion.

Il est difficile, d'après l'exposé succinct qui précède et qui résume les observations que nous avons reçues, de conclure à une influence quelconque, soit nuisible, soit utile, tant de la part des forêts que de celle des montagnes, des vallées et des plaines. On serait même beaucoup plus porté à croire le contraire et à admettre que les accidents du sol, de quelque nature qu'ils soient, n'ont aucune influence *directe* sur la propagation et le développement des orages, pas plus que sur le nombre et la gravité des chutes de grêle. Si l'action des forêts et des reliefs du sol était bien réelle et bien efficace, les opinions seraient moins divergentes, à plus forte raison moins contraires. Elles devraient même être pour ainsi dire unanimes ou au moins concordantes dans les pays qui avoisinent les principales forêts, dans ceux qui occupent les mêmes vallées, ainsi que dans les parages des massifs montagneux d'une certaine importance.

Ce n'est pas tout. Nous avons relevé, sur les registres de la Préfecture du Puy-de-Dôme, les grêles qui ont occasionné des dégâts dans notre département depuis 1876 jusqu'en 1892. Avec ces documents nous avons dressé :

1° Une carte des grêles pour chaque année, soit 17 cartes pour toute la période ;

2° Une carte générale des localités qui ont eu des récoltes endommagées par la grêle ;

3° Une carte représentant le nombre des chutes de grêle pour chaque commune ;

4° Une carte des communes qui n'ont pas été grêlées de façon à subir des dégâts notables.

Voici ce qui en résulte :

1° Cartes annuelles.

Il suffit de jeter un coup d'œil sur chacune de ces cartes pour reconnaître deux choses : tantôt les dégâts surviennent dans des localités disséminées d'une façon quelconque sur toute la surface du département, près des forêts, dans les vallées, sur les montagnes aussi bien que dans les plaines, sur les plateaux et loin de tout massif forestier ; — tantôt les localités où se produisent les dommages sont plus ou moins groupées dans une ou plusieurs régions du département, variables avec les années et comprenant indifféremment forêts, montagnes, plaines et vallées. Dans le premier cas, chaque orage à grêle de peu d'étendue n'a atteint qu'un petit nombre de communes, mais les orages ont été très multipliés et localisés ; dans le second, il y a eu de grands orages à grêle, ravageant le même jour une vaste contrée.

Les grêles de l'année 1879 constituent un exemple remarquable du second cas. La région grêlée le 11 juin s'étend de l'ouest-sud-ouest à l'est-nord-est, direction que suivent fréquemment les orages, et traverse tout le département en débutant à l'extrême sud-ouest, vers les confins des départements de la Lozère et du Cantal. — Les dégâts, rares dans le massif des Monts-Dore, sans doute à cause de la nature des cultures, ne s'accentuent qu'à une certaine distance autour des points culminants, au-dessous de l'altitude de 900 mètres; à l'ouest vers La Bessette et Trémouille-Saint-Loup; au nord à Aurières; à l'est, à partir de Saint-Diéry et de Saurier. La zone ravagée, qui atteint sur certains points 5, 10 et même 15 kilomètres de largeur, montre que l'orage a parcouru la vallée de la Couze d'Issoire, la basse vallée de la Couze de Champeix; qu'il a coupé, presque à angle droit, la vallée de l'Allier entre Issoire et Vic-le-Comte; qu'il a franchi dans sa partie nord le massif des Monts-Dolore, dont les contreforts atteignent là 800 mètres d'élévation; qu'il a traversé obliquement la vallée de la Dore entre Ambert et Courpière; enfin qu'il a probablement passé par-dessus les monts du Forez, un peu au nord de Pierre-sur-Haute, là où les sommets dépassent encore 1,400 à 1,500 mètres d'altitude. — Vallées, forêts et montagnes n'ont pas dévié l'orage, dont la trajectoire est pour ainsi dire une ligne droite sur un parcours de 70 kilomètres.

2° Carte générale des communes qui ont subi des dégâts par le fait de la grêle, de 1876 à 1892.

Si l'on marque d'un gros point noir les communes qui ont subi des dégâts pendant cette période, la carte obtenue montre : 1° une répartition assez uniforme des dommages dans l'ouest et dans le sud-est du département; — 2° une proportion en apparence plus grande de ces dommages dans la vallée de l'Allier; — 3° leur rareté relative dans les pays qui longent la chaîne des Monts-Dôme; — 4° leur absence presque complète dans le massif des Monts-Dore.

La distribution à peu près égale et régulière des points frappés par la grêle dans le plateau montagneux de l'ouest et dans celui du sud-est s'explique très bien par la ressemblance des deux régions au point de vue de la culture et de la répartition des communes.

Les autres cas n'ont presque aucune valeur, car dans la vallée de l'Allier, la multiplicité des points noirs marqués sur la carte provient seulement du nombre considérable des chefs-lieux, du peu d'étendue des communes, et des récoltes, excessivement sensibles aux chutes de grêle, qui couvrent leur territoire pendant la plus grande partie de l'année.

Dans les parties montagneuses de la chaîne des Puys,

et à plus forte raison dans le massif des Monts-Dore, les communes sont très étendues ; les chefs-lieux rares, très éloignés les uns des autres ; en outre les pâturages y occupent la plus grande partie du sol, de sorte que la grêle ne peut guère y causer des dégâts.

3° Communes qui n'ont pas subi de dégâts causés par la grêle depuis 1876.

La carte qui représente ces communes est pour ainsi dire complémentaire de la précédente ; elle montre tout naturellement que c'est la région qui comprend et avoisine les Puys, et surtout celle des Monts-Dore, qui échappe aux ravages de la grêle. Dans le reste du département, il y a aussi quelques rares localités, disséminées assez régulièrement et d'une manière quelconque au point de vue des accidents du sol, qui n'ont pas été atteintes gravement par la grêle depuis 1876 : le hasard et le peu de largeur des bandes de terrain grêlées dans les orages ordinaires suffisent largement pour expliquer d'une façon rationnelle ces exceptions, qui sont très naturelles quand on ne considère qu'une période de 17 années. — Cependant il est deux régions qui paraissent posséder réellement une certaine immunité : l'une, peu étendue, se trouve comprise entre Saint-Amant-Tallende, Veyre-Monton et le Crest ; l'autre se trouve vers les limites des cantons d'Issoire, de Saint-Germain-Lembron, de Sauxillanges et de Jumeaux. Toutefois il est fort probable, d'après les renseignements que nous avons pris postérieurement à l'enquête, que les cultures pratiquées dans ces deux régions entrent pour une bonne part dans le résultat.

4° Nombre des grêles avec dégâts dans chaque commune du Département, depuis 1876 jusqu'en 1892.

Nous venons de voir qu'il n'y a qu'un très petit nombre de communes qui n'aient pas été éprouvées par la grêle depuis 1876, et que presque toutes ces communes se trouvent dans des régions de grande altitude. Nous avons indiqué, sur une carte, le nombre de fois que chaque commune, depuis 1876, a subi les ravages de la grêle, et nous avons teinté en rouge les communes qui ont été frappées plus de cinq fois. Il ne s'en trouve qu'une dizaine qui aient constaté neuf ou dix fois des chutes de grêle ayant occasionné des dégâts.

Il est à remarquer que les localités fréquemment atteintes (six à dix fois) forment des groupes nombreux, bien distincts et d'une étendue quelquefois assez grande. Ces groupes sont disséminés un peu partout; mais il n'en existe pas, pour les raisons que nous avons déjà dites, dans la région des hauts pâturages. Les réserves que nous avons faites plusieurs fois à ce sujet sont encore justifiées par cela même, car les communes qui présentent les maxima de fréquence pour les grêles désastreuses appartiennent presque toutes à des cantons montagneux; seulement, l'altitude moyenne de ces cantons n'est pas trop grande et l'on peut s'y livrer à des cultures variées : il y a toujours, ainsi, quelque récolte que la grêle peut endommager. Ce sont, par exemple, les cantons de Saint-Gervais, de Pionsat, de Montaigut et de Vic-le-Comte (de 500 à 800 mètres d'altitude); ceux de Châteldon, de Saint-Remy, de Thiers et de Courpière (de 200 à 1,000 mètres); enfin ceux de Cunlhat, de Saint-Dier et de Saint-Amant-Roche-Savine (de 500 à 1,100 mètres).

La Limagne est relativement épargnée, surtout dans la partie comprise entre Riom, Pont-du-Château, Lezoux, Maringues, Randan, Aigueperse et Combronde.

Conclusion finale.

On est forcé de reconnaître, comme conclusion finale, que les observations recueillies jusqu'à ce jour ne permettent pas d'attribuer à la surface terrestre une influence *directe* sur les chutes de grêle, pas plus que sur les orages. Mais si l'opinion générale et les faits authentiques établissent que les forêts et les divers accidents du sol n'ont aucune action *directe* sur les orages et sur les chutes de grêle, comment se fait-il que dans quelques localités on croit sérieusement à cette action? C'est qu'il est fort probable que les observateurs, dont on ne peut suspecter la bonne foi, subissent une illusion.

Les forêts, par l'humidité qu'elles conservent sous l'épais feuillage de leurs arbres et par l'eau qu'elles évaporent constamment dans l'atmosphère; les montagnes, par la différence de température qu'elles présentent souvent avec l'air qui les environne; les vallées, à cause du chemin naturel qu'elles offrent, dans le sens de leur longueur, à la circulation des vents inférieurs, provoquent très fréquemment, au moment des brusques perturbations atmosphériques, la formation de nuages bas qui se développent avec rapidité.

Ces nuages, en raison même de la faiblesse relative de leur altitude, reçoivent moins de lumière que les nuages élevés, paraissent plus noirs, plus épais que ceux-ci, et semblent être le siège même de la perturbation, l'endroit où le vent, la pluie, la grêle, les éclairs et le tonnerre doivent atteindre leur maximum d'intensité.

Il n'en est rien cependant. L'orage passe bien plus haut, s'éloigne et disparaît au loin en poursuivant ses ravages, tandis que les nuées inférieures persistent pendant quelque temps encore; elles ne se dissipent que lorsque les causes locales qui les ont fait naître n'existent plus, ou qu'elles se sont suffisamment affaiblies.

C'est ce que nous avons pu voir bien fréquemment du sommet du Puy de Dôme, lorsque l'état du ciel nous permettait de suivre l'ensemble des nuées orageuses, d'assister à l'éclosion de l'orage, de le voir se déplacer au-dessus de la surface terrestre, franchir montagnes, forêts, vallées, et passer en chaque lieu plus ou moins rapidement, en laissant ordinairement le sol inondé par la pluie, souvent blanchi par la grêle.

La hauteur des nuées orageuses est en effet bien plus grande qu'on ne le croit ordinairement, et nous avons toujours vu *la base* des cumulus orageux à une altitude supérieure à celle du sommet du Puy de Dôme. D'ailleurs la grêle tombe plus fréquemment sur les montagnes et sur les hauts plateaux que dans les plaines, où elle fond souvent avant d'arriver jusqu'au sol. Au Puy de Dôme, presque tous les orages en sont accompagnés. De Saussure observa des chutes de grêle au col du Géant, à 3,428 mètres; Balmat et Paccard en constatèrent sur la cime du Mont-Blanc, à 4,810 mètres; enfin Boussingault, dans les Andes, a vu la grêle se produire à 6,000 mètres d'altitude.

Ce n'est rien encore. Le 31 juillet de l'année 1892, par suite de circonstances exceptionnellement favorables, nous avons pu observer à l'Est-Nord-Est de Clermont, un orage qui avait éclaté, entre Thiers et Lezoux, au sein d'un cumulus dont le sommet atteignait 10,000 mètres de hauteur, et qui parcourut, du Nord au Sud, une partie de la vallée de la Dore. Les éclairs, vifs et nombreux, se produisaient dans toute la masse nébuleuse qui était isolée dans un ciel pur et dont les contours avaient une netteté parfaite; quelques coups de foudre jaillissaient même de la cime du cumulus, en progressant de bas en haut, et s'éteignaient dans le bleu du ciel, après avoir figuré des traits de feu qui ressemblaient à des barres de fer chauffées jusqu'au blanc (1). Quelle influence nos forêts, nos montagnes et nos vallées pourraient-elles avoir sur un phénomène qui se manifestait, si puissant, à une pareille hauteur ?

Véritable mode d'action de la surface terrestre sur les phénomènes atmosphériques et en particulier sur les orages.

Ce n'est pas que nous refusions à la surface terrestre toute action sur les manifestations orageuses. Mais nous sommes fondés à croire que cette action n'est pas *directe*, et qu'elle ne consiste essentiellement que dans une certaine préparation de l'atmosphère.

Nous avons encore publié dans *La Nature* (2), avec cartes à l'appui, un article qui établit clairement l'influence exercée par les Alpes et par les plaines de la Lombardie sur la formation de certaines perturbations atmosphériques; nous avons montré que l'excès de chaleur et de vapeur d'eau qui existe presque constamment au sud du massif alpestre donne fréquemment naissance à de vastes tourbillons atmosphériques, à des dépressions qui agissent considérablement sur le climat de toute l'Europe méridionale, ainsi que sur celui du nord de l'Afrique.

On conçoit très bien que des conditions analogues puissent produire des effets similaires, et que la diversité présentée par la surface terrestre, en occasionnant une inégale répartition de la chaleur solaire et de la vapeur d'eau, doit aussi provoquer sur d'autres points bien des perturbations. Elles ne diffèrent que par l'étendue et par l'intensité de celles qui sont créées par les Alpes. Aussi est-il nécessaire, en raison même de leur moindre impor-

---

(1) Voir *La Nature*, n° 1014, du 5 novembre 1892.

(2) Numéro du 4 février 1893 : Influence des grands reliefs du sol sur la formation des dépressions atmosphériques, par J.-R. Plumandon.

tance, que les autres circonstances qui peuvent exister simultanément ne soient pas défavorables à leur éclosion.

L'égalité de la pression exercée par l'atmosphère dans une région suffisamment vaste est une condition presque nécessaire à la formation des orages ; tout au moins faut-il que les pressions subies par les différents points de la région considérée ne soient pas trop inégales.

Il en résulte que les vents s'apaisent et ne mélangent plus les différentes parties de l'atmosphère qui deviennent de moins en moins homogènes. Le calme de l'air permet alors aux courants verticaux ascendants de prendre l'ampleur suffisante et de persister assez longtemps pour porter dans les hautes régions les masses de vapeur qui y formeront les nuages orageux. Aussi, c'est presque toujours dans le secteur Sud-Est des dépressions à faible gradient, et surtout dans les zones à pression presque uniforme, que les orages éclatent, avec le concours des influences locales.

Mais l'orage formé et éclos, quelle route va-t-il suivre ? Sont-ce les reliefs du sol, les grandes montagnes, les vallées, les forêts qui, tantôt en l'attirant, tantôt en le repoussant, lui traceront sa voie ? On sait que non, d'après ce que nous avons exposé plus haut. C'est d'ailleurs d'autant plus vrai que, d'avance, sans s'occuper le moins du monde des accidents de la surface terrestre, on peut prévoir la direction que suivra un orage quelconque. Il n'y a que deux cas à considérer :

1º Si la pression atmosphérique est uniforme dans la région et dans les régions environnantes, l'orage se dirigera invariablement du quart Sud-Ouest au quart Nord-Est.

Dans ce cas, l'orage ou plutôt la dépression orageuse, qui alors peut être très restreinte en étendue, subit sans doute la même influence que toutes les dépressions qui se déplacent dans une atmosphère calme : la rotation de la terre combinée avec l'action solaire qui tend à déplacer l'air échauffé de l'équateur vers les pôles, l'entraîne du Sud-Ouest au Nord-Est.

2º Si les pressions sont suffisamment inégales, c'est-à-dire si la région est soumise à l'action plus ou moins énergique d'une grande dépression à faible gradient, l'orage suivra la direction du vent général déterminé par cette dépression.

Ordinairement, les dépressions qui occasionnent des orages dans notre pays passent au large de nos côtes de l'Atlantique, sur les Îles Britanniques, puis sur la Mer du Nord, la Scandinavie, etc. C'est pour cela que la grande majorité des orages que nous observons en France marchent du quart Sud-Ouest au quart Nord-Est, et le plus souvent, en tenant compte du déplacement du centre principal de dépression, de l'Ouest-Sud-Ouest à l'Est-Nord-Est.

Mais quelquefois la dépression principale occupe d'autres positions par rapport à nous. Son centre peut se trouver vers le nord de l'Espagne, près du golfe de Gascogne : alors nos orages se déplacent du Sud-Est au Nord-Ouest. Ils marchent de l'Est à l'Ouest, si le centre de perturbation se trouve vers nos côtes occidentales de la Méditerranée, etc.

C'est ainsi qu'en 1887, pour ne pas remonter plus loin, des orages éclatent le 5 mai, et cheminent du Sud-Est au Nord-Ouest : une dépression peu étendue avait son centre vers Biarritz.

Le 1er juin de la même année et le 19 mai 1888, les orages qui se produisent dans notre département se déplacent du Sud au Nord : le centre de dépression qui les commandait se trouvait alors au large de nos côtes de l'Atlantique.

Le 22 juin 1888, les orages vont de l'Est à l'Ouest, parce qu'un faible centre de perturbation existait vers nos côtes du Languedoc.

En 1889, le 27 juin, les orages ont leur trajectoire dirigée du Nord-Ouest au Sud-Est, parce que le centre d'une petite dépression se trouvait dans le Nord-Est de la France, entre Paris et Belfort.

Enfin, pour ne pas trop prolonger cette énumération, nous la terminerons en citant quelques lignes d'un Rapport que nous écrivions en 1892 sur les orages de l'année 1891.

ORAGES DU 12 MAI 1891. — *De 4 h. 40 à 10 heures du soir.* — *36 stations atteintes.* — *Centre de dépression (752^{mm}) vers l'île de Malte.* — *Pressions peu uniformes en France.* — *A Clermont : minimum barométrique : 762^{mm}1, à 6 heures du soir.* — *Température maxima : 23°2, à 4 h. 30 du soir.*

Ces orages présentent une particularité très intéressante : dans les différentes stations ils marchent du Nord au Sud ou de l'Est à l'Ouest, et surtout du Nord-Est au Sud-Ouest, c'est-à-dire en sens inverse de la marche habituelle des manifestations orageuses. Cela met en évidence, d'une manière fort nette, l'influence des dépressions atmosphériques sur la trajectoire des orages. Ordinairement cette trajectoire est dirigée du Sud-Ouest vers le Nord-Est, parce que les centres de dépression traversent en général le Nord-Ouest de l'Europe. Dans le cas actuel, la dépression de la Méditerranée imprime à l'atmosphère un mouvement général du Nord-Est vers le Sud-Ouest, et c'est justement cette direction moyenne que suivent les orages du 12 mai.

Il est d'ailleurs très rare de voir des orages venir du Nord, du Nord-Est, ou de l'Est, ou autrement dit, de voir les dépressions méditerranéennes donner naissance à des orages dans notre région. Notre correspondant d'Isserteaux, M. Bravard, instituteur, l'a fort bien remarqué, et il nous a écrit à ce sujet : « Cet orage ne présentait rien d'extraordinaire, si ce n'est qu'il est venu du Nord, ce qui est extrêmement rare et ce que je n'avais jamais vu. »

Les orages du 12 mai se sont étendus à la majeure partie du Département, mais ils ont été généralement très bénins et ont versé des pluies bienfaisantes. On signale seulement quelques grêlons à Montel-de-Gelat et une chute de foudre dans la commune de Gelles. « Pendant l'orage, dit M. Détianges, instituteur, la foudre est tombée sur un bâtiment du village de Magnol. Le fluide électrique a tué un bœuf et blessé deux vaches dans une écurie ; un homme qui se trouvait à côté des animaux n'a ressenti qu'une forte commotion. Un commencement d'incendie s'est déclaré ; mais, grâce aux prompts secours apportés par les personnes du village, le bâtiment a pu être préservé. »

Orages du 13 Mai 1891. — *De 1 heure à 10 h. 20 du soir. — 40 communes atteintes. — La dépression de la Méditerranée s'éloigne en se comblant (754^{mm} à Athènes), et les hauteurs barométriques sont un peu moins égales en France. — A Clermont : minimum barométrique : 762^{mm}0 à 5 heures du soir. — Température maxima : 20°9 à 4 h. 30 du soir.*

Les orages de cette journée marchent encore du quart Nord-Est au quart Sud-Ouest, et un autre de nos correspondants, M. Gidon, instituteur à Olby, remarque aussi combien cette direction est peu ordinaire. Comme nous venons de le dire à propos des orages du 12 mai, elle est due à la situation générale de l'atmosphère et s'explique très naturellement.

Les stations qui ont constaté ces manifestations électriques sont réparties dans toutes les régions du Département. De faibles chutes de grêle se produisent à Saint-Georges-de-Mons, Saint-Victor, La Goutelle, Gelles et Aubiat. La violence du vent du Nord cause quelques dégâts à Saint-Vincent. On observe une chute de foudre à Clermont, sur les fils télégraphiques, dans la banlieue de la ville : elle a pour conséquence la fusion d'une conduite de gaz au Bureau central. L'orage a été d'une intensité peu commune dans la région de Saint-Georges-de-Mons, sous le rapport des éclairs et du tonnerre ; on y a constaté quatre chutes de foudre : une dans le village de Saint-Georges, sans dégâts ; une seconde à Queuille où elle brûle une haie ; et les deux autres à Ancizes. Là, trois bergères sont atteintes et l'une d'elles est tuée sur le coup ; trente moutons sont également foudroyés.

Orages du 14 Mai 1894. — *De midi 15 à 7 h. du soir. — 9 stations atteintes. — Une légère dépression existe encore sur la Méditerranée, et la pression de l'atmosphère devient assez uniforme dans notre région. — A Clermont : minimum barométrique : 758^{mm} à 6 heures du soir. — Température maxima : 23°4 à 2 h. 50 du soir.*

Ce sont surtout les cantons du Sud-Est qui subissent ces orages, dont la marche s'opère du Nord au Sud. Une petite chute de grêle a lieu à Ambert, où l'on observe trois orages successifs.

— 21 —

Nous avons un peu insisté sur ces cas remarquables, parce qu'ils mettent bien en évidence la généralité des forces qui donnent le mouvement aux orages, soit quand ceux-ci sont soumis à l'action directe d'une dépression, soit quand ils se développent dans une atmosphère relativement calme.

Il est d'ailleurs nécessaire de bien savoir déterminer la marche des orages et de distinguer, s'il y a lieu, entre la propagation des manifestations électriques et la direction suivie par les nuages. Nous avons montré qu'elles peuvent être indépendantes l'une de l'autre, au point de s'opérer en sens contraires (1) ou sous des angles quelconques (2), et qu'on est souvent porté à les confondre dans l'étude des grands orages qui se sont étendus sur une vaste région. — La connaissance des orages fera de grands progrès lorsqu'on organisera le service météorologique de telle sorte qu'on puisse étudier dans tous leurs détails les orages locaux qui éclatent dans un nuage isolé au milieu d'une atmosphère limpide.

Les trajectoires des divers orages d'une journée ne sont cependant pas toujours parallèles, comme on a pu le remarquer pour ceux dont nous venons de parler ; elles oscillent même assez fréquemment autour d'une direction moyenne, même quand la région d'observation n'est pas plus grande qu'un département. Cela tient à diverses causes qui mériteraient une étude complète : d'abord le centre de la dépression principale, qui se déplace ordinairement avec rapidité, entraîne forcément une modification dans la marche des orages; ensuite les orages observés peuvent dépendre de dépressions satellites secondaires, tertiaires, ou d'un ordre quelconque; enfin il est encore possible que ces orages aient des mouvements propres, comme ceux qu'on reconnaît aux grandes dépressions ; nous en avons déjà constaté dans quelques orages, constitués par une seule masse nuageuse qui se déplaçait dans un ciel pur et qu'on ne pouvait, par conséquent, confondre avec d'autres (3).

(1 et 2) Rapport sur les orages de l'année 1878 dans le département du Puy-de-Dôme, par M. J.-R. Plumandon, météorologiste à l'Observatoire du Puy-de-Dôme. (*Annales du Bureau central météorologique de France*, 1879.)

(2) La propagation des orages, par M. J.-R. Plumandon. (*Revue scientifique* du 27 août 1892.)

(3) Sur la propagation des orages, par M. J.-R. Plumandon. (*Annales du Bureau central météorologique de France*, année 1885.)

On voit que si la surface terrestre n'agit pas directement et d'une façon toute locale sur les phénomènes orageux, elle intervient au contraire d'une manière *indirecte* et très efficace dans leur formation et dans leur marche, en répartissant inégalement la chaleur solaire et la vapeur d'eau, en modifiant ainsi sans cesse l'état de l'atmosphère, et en favorisant l'éclosion des perturbations restreintes, locales, dont les orages sont les types parfaits.

Printed by Libri Plureos GmbH in Hamburg, Germany